Inhaltsverzeichnis

Kapitel Übersicht

Konditionierung ist die Grundlage:

Ich werde in diesem Buch auf die schwierigsten und wichtigsten Situationen der Welpenerziehung eingehen und Sie werden einen perfekten Leitfaden bekommen. Ich kann allerdings nicht auf jede Situation eingehen, denn Welpen sind individuell und es gibt Tausende verschiedene erzieherische Aufgaben.

Deswegen möchte ich ihnen direkt am Anfang die Grundlage dafür geben, wie Hunde lernen. Die Grundlage dafür gibt die Konditionierung und ich meine damit nicht, dass Sie wie Iwan Pawlow mit einer Glocke klingeln, wenn es Essen gibt.

Ich will hier nicht zu tief auf die Untersuchungen und die Konditionierung eingehen, weil ich ihnen praktisch helfen möchte und nicht mit viel unnötiger Theorie um mich werfen möchte.

Im Endeffekt müssen Sie nur wissen, dass Sie positives (also erwünschtes) Verhalten verstärken (belohnen) sollten und negatives Verhalten sollten Sie bestrafen oder auf erwünschtes Verhalten umprogrammieren.

Belohnung kann in Form von einem Leckerli aber auch in Form von Streicheln und loben erfolgen. Wichtig dabei ist, dass Sie die Belohnung sofort geben und damit nicht zu lange warten.

Bei der Bestrafung ist das alles noch etwas komplizierter. Ich möchte ihnen ganz klar davon abraten, körperliche Gewalt gegen ihren Hund einzusetzen, denn es ist verboten und noch schlimmer es zerstört das komplette Vertrauen.
Wie Sie es genau machen, habe ich im weiteren Verlauf des Buches für Sie zusammengefasst.

Wenn Sie nach dem Lesen des Buches noch Fragen haben schreiben Sie mir gerne eine E-Mail.

Aber jetzt lass uns auf die wichtigsten Punkte und Schritte in der Welpenerziehung eingehen.

Welpenerziehung muss nicht schwierig sein

Wer sich einen kleinen Hund anschafft, der trifft eine weitreichende Entscheidung und übernimmt für eine lange Zeit die Verantwortung für ein vierbeiniges Familienmitglied. Und wer sich entscheidet, einen Hund direkt von der Welpenalter an bei sich aufzunehmen, dem steht eine aufregende und oftmals lustige Zeit bevor, die aber auch zuweilen sehr anstrengend sein kann. Denn natürlich ist so ein kleiner Welpe weder stubenrein noch gut erzogen und wird auch so manches Mal seine Grenzen in der neuen Familie austesten. Wenn sie in der Welpenzeit alles richtig machen, wird ihr Hund auch in Zukunft ein gut erzogener und sein, doch wenn die Welpenzeit nicht gut genutzt wurde, können sich schlechte Verhaltensmuster bilden. Diese müssten dann in der späteren Hundeerziehung ausgeglichen werden, in dieser Zeit ist es allerdings wesentlich schwerer bereits tief verankerte Verhaltensmuster zu ändern. Das kann man sich wie bei Menschen vorstellen. Kinder lernen viel schneller eine neue Sprache als Erwachsene.
Es ist besonders wichtig, stets geduldig auf die unerwünschten Verhaltensweisen und ein kleines Malheur auf dem Wohnzimmerteppich zu reagieren.
Wer sich an ein paar Grundregeln bei

der Welpenerziehung hält, der wird sich schon nach kurzer Zeit mit Lernerfolgen bei seinem Welpen freuen können.
Denn: ein Hund ist von seinem Ursprung her ein Rudeltier und versucht daher von sich aus, sich dem Rudel entsprechend korrekt zu verhalten. Über manchen Lernerfolg nach kurzer Übungszeit kann man sich bei den klugen Tieren daher sehr wundern. Aber dennoch: Sie brauchen für die Welpenerziehung vor allem eines: Geduld und viel Übung.

Erwarten Sie nicht, dass ihr kleiner Welpe innerhalb von einer Woche stubenrein ist oder dass er sofort aufs Wort hört. Gönnen Sie sich und ihrem Welpen lieber eine schöne Zeit und sorgen Sie mit Geduld und konsequentem Verhalten die Erziehungsziele.

Überfordern Sie den kleinen Kerl oder die kleine Dame nicht und wiederholen Sie Übungen lieber immer und immer wieder. Vor allen anderen Sachen ist die Wiederholung das wichtigste. Vollkommen egal welche Übungen Sie nutzen oder welches Verhalten des Hundes Sie sich wünschen.

Entwicklungsphasen

Hunde durchläuft genau wie Menschen verschiedene Entwicklungsphasen. Diese Phase sind von bestimmten Verhalten geprägt, es ist daher wichtig die Phasen zu kennen, um die gesunde Entwicklung des Hundes zu gewährleisten.

Die neonatale Phase

Die neonatale Phase ist die erste und findet in der ersten und zweiten Lebenswoche des Welpen statt. In dieser Phase ist der Welpe sehr schutzbedürftig und stark auf andere angewiesen. Hundewelpen kommen blind auf die Welt und das erste was sie tun, ist das Suchen nach der Zitze der Mutter. In dieser Phase pendelt der Kopf des Hundes hin und her, denn so kann er sich richtig orientieren und die überlebensnotwendige Muttermilch finden. Das Pendeln ist also vollkommen normal und zeugt nicht von einer Störung oder Krankheit. Auch wenn noch nicht viele Sinne des Hundes voll ausgeprägt sind so Geruchs - und Geschmackssinn schon vollständig einsatzbereit.
Auch die Nähe zu der Mutter und den Geschwistern ist in dieser Phase von entscheidender Wichtigkeit, denn

die Wärme schafft Bindung und sichert trotzdem das Überleben.

In dieser Phase lassen sich die ursprüngliche Bedürfnisse des Hundes feststellen. Es sind Fürsorge, Sicherheit, Wärme und Nahrung und genau das müssen Sie sich auch in späteren Phasen für die Erziehung und Vertrauensaufbau zur Hilfe nehmen.

Die Übergangsphase:

In der dritten Woche des Welpen findet die zweite wichtige Entwicklungsphase im Leben des Welpen statt, welche als Übergangsphase bezeichnet wird. Der Welpe wird vielen neuen Einflüssen ausgesetzt, denn er wird das Sehen und Hören erlernen. Der Welpe wird anfangen Abenteuertouren außerhalb seines mütterlichen Nests machen. Die Ausscheidungen werden nun aus eigener Kraft abgesetzt und die Muskelkoordination verbessert sich, sodass der Welpe beginnt, seine Ausscheidungen kontrollieren zu können. Deswegen ist das der optimale Zeitpunkt, um mit die ersten Schritte zur Stubenreinheit einzuleiten. Darauf können Sie allerdings nur wenig Einfluss nehmen, denn die Welpen sind im normal Fall noch beim Züchter und der Mutter. Fast alle Züchter wissen aber über die Chance Bescheid die Stubenreinheit einzuleiten und werden eine gute Grundlage für das spätere Training legen.

Sozialisationsphase

Der 21. Lebenstag gilt als Start der Sozialisationsphase, welche ebenso sensible und entscheidend ist wie die beiden Phase davor. Allerdings ist diese Phase etwas Anstrengender als die Phasen davor, denn nun geht es darum als Mensch die richtigen Grundlagen für die weitere Entwicklung zu legen. Die Sozialisationsphase geht bis zur 12. Oder 14. Lebenswoche des Hundes und wird ihnen und dem Züchter einiges an Kraft und Geduld abverlangen, allerdings ist Sie auch wunderbar um die ersten Male und die Entwicklung des Hundes mitzuerleben. Zwischen der dritten und fünften Lebenswoche ist der Welpe besonders angstfrei, deswegen können Sie ihm in dieser Phase einiges Zeigen das ihm sonst Angstbereiten könnte. Alles was er in dieser Phase kennenlernt, wird er auch in Zukunft mit Entspannung verknüpfen. Natürlich dürfen Sie ihn nicht direkt überfordern und das Ganze ist sowieso eingeschränkt, denn der Welpe ist noch beim Züchter. Sie können ihm allerdings schon ihre Familie als ganzes näher bringen. Es geht in der gesamten Sozialisationsphase darum möglichst viele eindrücke zu sammeln, ohne eine Reizüberflutung zu riskieren.

Gehen Sie deswegen Schritt für Schritt vor, denn zu entdecken gibt es mehr als Genug:

- Andere Hunde.
- Fremde Menschen.
- Kinder.
- Treppen.
- Die Tierarztpraxis.
- Geräusche wie Fernseher, Radio, Staubsauger Straßenlärm usw.
- Aufzüge.
- Andere Haustiere.
- Unterschiedliche Umgebungen.

Überlegen Sie sich welchen Einflüssen ihr Hund auch in Zukunft ausgesetzt sein wird und sensibilisieren Sie ihn dahingehend. Das Ziel dabei ist, dass der Welpe einen selbstbewussten Umgang mit den Eindrücken erlernt und der Bindungsaufbau das heißt, dass er lernt, dass er sich auf Sie verlassen kann. Ab der fünften Woche wird der Hund Angst entwickeln und dann heißt es für ihn da zu sein. Sie schützen ihn vor Gefahren und er wird es ihnen sein ganzes Leben durch Treue zurückzahlen.

Schlafen - Ein wichtiger Teil der Welpenerziehung

Schlaf ist für Hunde genauso wichtig wie für uns Menschen. Ganz besonders Welpen müssen viel Schlafen, um sich auszuruhen und nicht von den neuen Reizen überfordert zu werden. Deswegen ist es auch vollkommen normal, dass Welpen zwischen 15–20 Stunden am Tag Schlafen.
Die Welpen lernen genau wie wir Menschen besonders im Schlaf, also kann man wichtige Trainingseinheit vor dem Schlafen üben. Außerdem muss der Hund aufnahmefähig sein, um überhaupt etwas zu lernen und dafür braucht er gute Schlafverhältnisse.
Dafür gibt es einige Dinge auf die Sie achten können, um für ihren Welpen die optimale Entwicklung zu gewährleisten.

- Der Welpe sollte sein ganz eigenes Bett haben. Geben Sie im ihm gemütliche Decken und Kissen und achten Sie darauf, dass die Decken waschbar sind. Der Schlafplatz sollte außerdem genug Platz bieten, damit sich der Welpe voll ausbreiten kann.
- Das Bett sollte im Haus an einem möglichst ruhigen Platz gestellt werden, damit er beim Schlafen nicht von Lärm und anderen Menschen gestört wird.

- Auch für die Schlafqualität von Welpen ist es förderlich, wenn das Zimmer abgedunkelt ist. Es kann für ihn auch beunruhigend sein alleine im Dunkel aufzuwachen, deswegen legen Sie im etwas Vertrautes in sein Bett. Am besten etwas das nach ihnen riecht, denn das wird ihm eine Form der Geborgenheit vermitteln.
- Wenn ihr Welpe einnickt oder sehr müde wirkt führen Sie ihn zu seinem Schlafplatz. Dort wird er um einiges besser Schlafen und auch in Zukunft von alleine den Weg in sein Nest finden.

Wenn es sich irgendwie vermeiden lässt, sollten Sie ihren Welpen nie beim Schlafen Stören oder Wecken.

Die ersten Schritte der Welpenenerziehung

Das Abholen vom Züchter:

Wenn Sie ihren Welpen beim Züchter abholen beginnt die Hundeerziehung. Es sollte schon beim Abholen Vertrauen aufgebaut werden, damit die weitere Erziehung leichter fällt. Für einen Welpen ist das ein sehr prägendes Ereignis. Er wird von seiner Mutter und den Geschwistern getrennt und beginnt ein neues Leben.
Aus diesem Grund sollten Sie alles mit großer Verantwortung planen.
Ganz besonders die Autofahrt kann für einen Welpen sehr beängstigend sein, deswegen ist es am besten, wenn Sie den Welpen zu zweit abholen. So kann sich einer um den Welpen kümmern und einer fährt das Auto.

Optimal ist es, wenn Sie den Welpen bevor Sie ihn mit nachhause nehmen einige Male besuchen, dann ist für ihn zumindest nicht alles neu. Sie können ihm auch eine Decke dalassen die Sie wieder mitnehmen und auf die er sich bei der Autofahrt setzen kann.

Machen Sie einen Termin mit dem Züchter aus, damit er dem Hund nichts zu essen gibt. Sie sollten sich trotzdem einige Tücher mitnehmen, denn es kann trotzdem passieren, dass sich ihr Welpe übergibt. Außerdem kann der Welpe seine Blase noch nicht wirklich kontrollieren, ganz besonders wenn er aufgeregt ist, deswegen machen Sie bei längeren Fahrten viele Pausen.

Das wichtigste beim Abholen ist, dass Sie von Anfang an für ein angenehmes Klima sorgen und Vertrauen schaffen.

Das Ankommen

Das Ankommen in der neuen Familie bedeutet Kennenlernen und Vertrauen aufbauen.
Wenn Sie mit Ihrem Welpen die heimische Wohnung erreichen ist das der erste sehr wichtige Schritt in der Erziehung. In den ersten Tagen ist es ganz wichtig, dass Sie Ihren Welpen erst einmal in seinem neuen zuhause ankommen lassen und ihn Vertrauen Ihnen und Ihrer Familie gegenüber aufbauen lassen, dafür sollten auch alle Familienangehörigen möglichst oft Zuhause sein. Verbringen Sie möglichst viel Zeit mit dem Welpen, nutzen Sie die Gelegenheit dem Kleinen möglichst viele Streicheleinheiten zukommen zu lassen und gewinnen Sie so das Vertrauen Ihres Welpen. Vergessen

Sie nicht, dass der kleine Welpe bisher im Kreise seiner Geschwister gelebt hat und es noch nicht kennt alleine zu sein.
In den ersten Wochen nach dem Einzug des Welpen ist es für die Bindung zwischen Mensch und Hund günstig, den Welpen mit ins Bett zu nehmen, diese Art zu schlafen kennt er von seinen Geschwistern. Denn das Aufbauen einer vertrauensvollen Beziehung ist einer der wichtigsten Schritte der gesamten Welpenerziehung. In den ersten Tagen sollten Sie auf größere Unternehmungen verzichten und viel Zeit zu Hause verbringen damit der Welpe sich mit allem in der neuen Wohnung und allen Familienmitgliedern vertraut machen kann. Die Welpenerziehung beginnt grundsätzlich vom ersten Tag an, wobei Sie natürlich ganz klein anfangen und den Fokus auf den Aufbau von Vertrauen legen sollten.
Am ersten Tag sollte man es beim gegenseitigen Beschnuppern belassen, ab dem zweiten Tag beginnt bereits die Erziehung zur Stubenreinheit, hierfür setzen Sie den kleinen Welpen nach jedem Malheur nach draußen. Beendet er sein Geschäft im Garten oder auf der Straße, loben Sie ihn ausgiebig und belohnen Sie ihn mit einem Leckerli. Zusätzlich gehen Sie alle zwei Stunden mit dem kleinen Hund raus. Loben und belohnen Sie auch hier, wenn das Geschäft draußen erledigt wurde, diese Form der Belohnung nennt man Konditionierung und ist wahrscheinlich der effektivste

Weg, gewolltes Verhalten zu einer Gewohnheit zu formen.
Sie werden sich wundern, wie schnell der Hund begriffen hat, wo er sein Geschäft verrichten darf und wo nicht.

Aber zur Stubenreinheit kommen wir noch.

Gehorsam in der Welpenerziehung

Von einem Welpen darf man natürlich noch keinen lückenlosen Gehorsam erwarten, die Schritte dahin beginnen allerdings von Anfang an.

Eine schöne Übung für den Beginn der Erziehung ist die Erlangung der Aufmerksamkeit des Hundes:
Ihr Welpe weiß noch nicht welchen Namen Sie ihm gegeben haben oder überhaupt was von ihm erwartet wird. Um dem Hund seinen Namen nahezubringen und seine Aufmerksamkeit erlangen, nehmen Sie sich ein paar Leckerli und stellen sich vor den Hund. Zeigen Sie ihm das Leckerli und halten Sie es vor Ihr Gesicht. Sagen Sie jetzt seinen Namen. Schaut der Hund Ihnen ins Gesicht geben Sie ihm das Leckerli und loben Sie ihn. Wiederholen Sie diese Übung einige Male, übertreiben es aber nicht. Lieber machen Sie die Übung später noch einmal von vorne. Es wird nicht lange dauern und der Hund wird Ihnen nach Nennung seines Namens ins Gesicht schauen.

Das ist eine sehr gute Übung für den Einstieg in das Training mit dem Hund, was in den weiteren Tagen folgen wird.

Der Umgang mit Rebellen:

Hat der Welpe sich erst einmal in seiner neuen Umgebung eingewöhnt, wird er nicht mehr viel mit dem kleinen schüchternen Wesen zu tun haben, dass noch wenige Tage zuvor durch die Tür gekommen ist.

Stattdessen werden Sie von nun an alle Hände voll damit zu tun haben, den Unfug des Kleinen zu verhindern und entstandenen Schaden zu verwalten. Auch Hunde haben eine orale Phase, in der sie einfach alles ins Maul nehmen, was sie finden können. In der Wohnung sollte daher von vornherein nichts Kleines und verschluckbares in Reichweite des Welpen liegen. Ist doch einmal etwas in der Hundeschnauze gelandet, sollten sie nicht zögern und es einfach wieder herausholen. Leider finden es Welpen allerdings auch toll, wenn sie auf allerlei Gegenständen herumkauen, diesem Drang fällt dann schon einmal das eine oder andere Sofakissen zum Opfer. Hunden die gerne kauen, sollten Sie unbedingt ein Kauholz aus Kaffeebaumholz geben, gerade wenn der Zahnwechsel bei den Welpen ansteht ist Kauen besonders wichtig. Hunde, die keine Gegenstände haben, die sie verwenden dürfen, nehmen dann halt das Sofakissen oder das Bein der Kommode. Hat der Welpe dann trotz der Anschaffung eines Kauholzes mal wieder das Sofakissen gemopst, können

Sie die Gegenstände einfach austauschen, und dann wieder mit Belohnung arbeiten.
Nehmen Sie dem Hund den unerwünschten Gegenstand weg und geben Sie ihm sein Holz, notfalls immer wieder.
Nach einer Weile hat er verstanden, worauf er herumkauen darf und worauf nicht. Treibt ihr Hund es allerdings zu weit, ist wild und lässt sich nicht mehr bändigen, muss man zuweilen auf Bestrafung des unerwünschten Verhaltens zurückgreifen, wie Sie das genau machen, sehen Sie später im Buch.

Das richtige Verhalten bei kleinen Vandalen

Zur Bestrafung eines Hundes sollte man fast immer das Ignorieren verwenden. Es ist schon aus rechtlichen Gründen klar, dass man ein kleines Tier nicht schlagen darf, darüber hinaus löst Gewalt beim Hund in der Regel ohnehin nichts anderes aus als Kampfbereitschaft seinerseits.

Schließlich balgen sich auch Hunde untereinander, wer einen Hund schlägt, muss damit rechnen, dass er dies für eine Aufforderung zum Kampf hält. Und natürlich ist das Ziel der Welpenerziehung der Aufbau einer beiderseitig vertrauensvollen Beziehung, aus diesem Grunde ist Gewalt mehr als kontraproduktiv. Ist Ihr kleiner Welpe wieder einmal nicht zu bremsen, nehmen Sie ihn einfach hoch. Beachten Sie ihn dabei nicht, unterhalten Sie sich ruhig angeregt weiter in eine andere Richtung. Beruhigt sich der Welpe, können Sie ihn wieder runterlassen. Geht sein wildes Treiben aber weiter, setzen Sie ihn raus, beispielsweise auf die Terrasse oder in das Badezimmer und beachten Sie ihn eine Weile nicht. Reagieren Sie auch nicht auf Jaulen oder Bellen.
Auch im natürlichen Rudel muss der Hund sich anpassen, wenn er sich in seinem Rudel nicht entsprechend verhält, grenzt auch das Rudel den

Störenfried aus. Sie werden sehen, dass der Welpe diese Strafe als durchaus schlimm empfindet, schließlich möchte er Ihr Wohlwollen für sich erreichen, und somit ein Teil des Rudels sein.
Je öfter man den Hund einfach mal eine Weile ignoriert, umso stärker wird sein Verständnis für das unerwünschte Verhalten und er wird weniger häufig über die Stränge schlagen. Zu Bedenken ist aber immer, dass es sich um einen kleinen Hund handelt, der es noch nicht besser weiß, daher ist auch bei unerwünschtem Verhalten viel Geduld und Wiederholung gefragt. Sie sollten allerdings immer ein alternativ Verhalten anbieten, welches er statt dem negativen Verhalten aufbauen kann.

Bestrafung in speziellen Situationen:

In einigen Situationen ist es nötig, dass Sie ihren Hund bestrafen und dann reicht auch das Ignorieren nicht mehr aus. Allerdings sollten Sie niemals zu körperlicher Gewalt greifen, denn das zerstört das gesamte aufgebaute Vertrauen.
Vor allem sollte diese Form der Bestrafung von der ich gleich berichten werde nur dann eingesetzt werden, wenn alles andere keine Möglichkeit darstellt.

Stellen Sie sich einmal vor Sie haben einen Schuh vor sich stehen und ihr Welpe rennt los und schnappt ihn sich. In diesem Fall hilf das Ignorieren nichts, denn der Welpe wird dadurch nur lernen, dass er damit davon kommt und wird das Ignorieren nicht der Situation zuordnen können.

Wenn Sie ihm jetzt allerdings hinterherrennen und ihm den Schuh wegnehmen versteht er es als ein Spiel und hat sogar eine doppelte Lustbefriedigung, denn er hat das gewünschte Objekt zum Kauen und außerdem hat er jemandem der mit ihm spielt.

In solchen Situation gibt es nur wenig, was Sie tun können, am besten müssen Sie ihm, bevor er den Schuh hat mit deutlicher Stimme und Körpersprache klarmachen, dass er das nicht machen kann, dann wird er schnell lernen, wann eine Grenze überschritten ist. In solchen Situationen ist Prävention wichtig.

Der Bindungsaufbau:

Die Bindungsübungen sind das A und O für alles weitere, wenn Sie am Anfang direkt eine gute Bindung haben vertraut ihnen ihr Hund und dann geht alles weitere viel schneller und einfacher.

Darum bindet sich ihr Hund:

Hunde und alle anderen Tiere binden sich nur um zu Überleben. Die Tiere wollen ein Teil des Rudels sein, denn dann haben sie die besten Chancen auf Leben. Ganz am Anfang können Sie sich einfach so positionieren, dass ihr Hund Sie als den Menschen wahrnimmt, ohne den er nicht Leben kann.
Dabei geht es allerdings nicht nur um das Essen, denn auch Hunde suchen nach Nähe und Geborgenheit.

Die wichtigsten Grundlagen für die Bindung:

Hat ihr Hund Angst oder ist unsicher, versuchen Sie durch Körper- oder Blickkontakt Nähe zu Ihnen herzustellen und ihm Geborgenheit schenken. Nehmen Sie ihren Hund schnell aus der Situation in der er sich unwohl fühlt.

Geht es ihrem Hund nicht gut oder hat er sich verletzt, reagieren Sie sofort und helfen Sie ihm zu helfen.

Reagieren Sie auf seine Zeichen, wie Blickkontakt, stets mit freundlichen Worten.

Zeigen Sie ihrem Hund stets, dass Sie ihn wertschätzen und für ihn da sind.

Nähe und Kuscheln ist der wichtigste Schritt für Vertrauen und Bindung.

Es gibt ein Problem bei dem Aufbau von Bindung zu ihrem Hund. Es kann dabei nämlich leicht dazu kommen, dass Sie sich zwischen der Beziehung zu ihrem Hund und der Erziehung entscheiden müssen, aber auch dafür gibt es eine relativ einfache Lösung. Wenn Sie sich einer Situation gegenübersehen, in der Ihr Hund ein Verhalten zeigt, welches Sie nicht akzeptieren können, dann sollten Sie es ihm auch zeigen. Dazu können Sie ihn natürlich auch ignorieren, allerdings sollte sich das wirklich nur auf diese Situationen beziehen und nicht lange andauern. Wenn ihr Hund in ein Lokal rennt und etwas zerstört tragen Sie es ihm nicht Stunden lang nach.
Eine weitere typische und wichtige Situation ist z.B. das Essen am Tisch, wenn ihr Welpe jault wenn Sie essen

und traurig guckt geben Sie nicht nach. Dieses Verhalten muss erzogen werden und es hat nichts mit Bindung oder Vertrauen zu tun.

Übung 1:

Nehmen Sie ein Spielzeug, welches ihr Hund am liebsten mag. Halte dieses Spielzeug weg von sich und warte darauf, dass ihr Hund nicht mehr das Spielzeug anschaut, sondern ihnen ins Gesicht.
Am Anfang sollten Sie dann das Spielzeug direkt werfen (oder es ihm geben) , wenn Sie ihr Hund kurz ansieht. Nach einigen Versuchen müssen Sie allerdings mehr von ihrem Hund verlangen. Werfen Sie das Spielzeug erst dann wenn er ihnen wirklich Aufmerksamkeit schenkt, denn so muss er Sie für seine Belohnung länger ansehen und das Vertrauen wird weiter aufgebaut.

Übung 2:

Diese Übung ist schon etwas anspruchsvoller und davor sollte der Hund das Sitz-Kommando beherrschen. Bei dieser Übung setzt sich der Hund auf ihr Kommando hin, dann stellen Sie ihm Futter hin und er wird warten müssen bis er es Essen darf. Das Futter kommt nämlich von ihnen und das soll er wissen und sie solange anschauen bis Sie ihm das Essen erlauben. Am Anfang wird er sich sofort auf das Essen stürzen, dass müssen Sie allerdings unterbinden und solange darauf warten bis er Sie den Napf hinstellen lässt. Anschließend müssen Sie noch darauf warten, dass er Sie anschaut und nun darf er auch essen. Diese Übung muss regelmäßig wiederholt werden und die Zeit in der er Sie anschaut, bevor er essen darf, sollte mit der Zeit gesteigert werden.

Sitz beibringen:

Das Kommando „Sitz“ ist eines der wichtigsten für einen Hund und besonders ein Welpe kann es sehr schnell lernen.

Es ist wichtig, dass Sie die Übung in einem sicheren Umfeld machen, optimal ist der Garten oder die eigene Wohnung.

Nehmen Sie sich einige Leckerli und halten Sie es dem Hund vor das Gesicht des Hundes (hier können Sie das Leckerli schon mit dem Fingerzeichen verbinden).
Ziehen Sie dann das Leckerli nach oben über den Kopf des Hundes und dann etwas nach hinten. Diese Position ist für den Hund nicht besonders angenehm und er wird sich automatisch früher oder später in die Sitzposition begeben. Sobald sich der Hund in die Sitzposition begibt müssen Sie umgehend Sitz sagen und ihn belohnen, wenn Sie ihn mit der Stimme loben, sollten Sie das ruhig und nicht überdreht machen, denn das führt dazu, dass der Hund sofort wieder aufspringt.
Auch hier geht es um das Training mit vielen Wiederholungen.
Das ist der erste Schritt, damit der Hund die Position kennt.
Jetzt wird es Zeit das Handzeichen mit dem ausgestreckten Finger dazu zu nehmen, ohne das Sie

ein Leckerli in der Hand haben. Jetzt können Sie außerdem Sitz sagen bevor er sich gesetzt hat, wenn das klappt wird es Zeit die Leckerli zu reduzieren er bekommt nun nicht jedes Mal ein Leckerli, sondern eben nur „zufällig". Das beschleunigt den Lernprozess enorm, denn er weiß nicht wann er es richtig gemacht hat und wird es instinktiv öfter machen (Konditionierung). Außerdem gewöhnen Sie ihm so ab, dass er sich nur setzt wenn er etwas bekommt.

Sein Sie konsequent und bestehen Sie darauf, dass er wirklich sitzt und belohnen Sie ihn wirklich erst dann.

Tipp:
Überlegen Sie sich ein Auflösungszeichen. Der Hund sollte nur aufstehen, wenn Sie ihm ein Kommando geben. Das kann z.b. ein „Los" sein.
Dieses Auflösung können Sie genau so lernen wie das Sitz-Kommando, halten Sie dafür das Leckerli vor die Nase und ziehen Sie es auf Kommando so zu sich, dass er aufstehen muss.
Machen Sie das Ganze erst, wenn der Hund schon sehr gut auf das „Sitz" hört.

Platz beibringen:

Das Platzkommando sollte in der Regel erst dann geübt werden, wenn der Hund schon auf „Sitz" hört.

Üben Sie wie immer erst in einem ruhigen Umfeld. Als erstes bringen Sie ihren Hund in die Sitzposition, denn das ist eine leichtere Position für den Hund. Sobald er sitzt führen Sie ein Leckerli ganz nah am Körper des Hundes auf den Boden. Der Hund wird sich automatisch in die gewünschte Position begeben, sagen Sie dann sofort Platz.

Es gibt Hunde die stehen immer wieder auf, sobald die Belohnung zum Boden geführt wird. In diesem Fall gibt es eine andere Variante des Trainingsaufbaus. Dafür hocken Sie sich hin und strecken ein Bein aus, sodass Ober- und Unterschenkel ein Tor bilden, durch das man den Welpen mit einem Leckerchen hindurch lockt. Das Bein sollte so weit ausgestreckt sein, dass sich der Hund hinlegen muss, um an das Futter zu kommen. Wie in der anderen Variante, folgt in diesem Moment das Kommando und dann die Belohnung.
Das gewünschte Handzeichen kann bei der Übung bereits sehr früh eingeführt werden. Am Anfang kommt das Handzeichen wenn er sich in die Position begeben

hat und erst wenn Sie das schon einige Male gemacht haben, sollten Sie das Handzeichen davor gegeben.

Sie können das selbe Auflösungszeichen geben, wie beim Sitzkommando, Sie müssen es allerdings am Anfang üben. Das geht allerdings wesentlich schneller als ein neues Kommando.

Ist das Platzkommando erlernt müssen Sie es weiter üben und verbessern, damit es ihnen auch in der Praxis hilft.

Ihr Hund soll lernen, dass er nur dann aufstehen darf wenn Sie es ihm erlauben egal unter welchen Umständen, denn nur so können Sie ihn ohne Probleme in ein Restaurant oder ähnliches mitnehmen.
Steigern Sie die Schwierigkeit z.B. indem Sie das Sichtfeld des Hundes verlassen.

Deswegen kommen wir im nächsten Punkt dazu, wie genau Sie ihrem Hund beibringen können wirklich nur dann aufzustehen, wenn Sie es möchten.

Bleib

Im Grunde Sollte das Kommando „Bleib" garnicht gebraucht werden müssen, denn Sitz und Platz sollten vom Hund nur nach einem Auflösungszeichen gebrochen werden. Deswegen ist es besonders wichtig in jeder Situation das Auflösungszeichen zu nutzen.
Im Alltag kommt jedoch häufig etwas dazwischen, wenn der Terminkalender zu voll ist und der Hund ohne Auflösungssignal seine Position verlässt, hält er sich womöglich in wichtigen Situationen nicht mehr an die Regeln.
Deswegen müssen Sie ihrem Hund je nach Situation (vor allem in der Stadt) das Bleiben als Grundkommando beibringen.

Sie haben schon die ersten Schritte dafür getan, denn auch wenn es für Sie das „Bleib" benötigt, ist die Grundlage immer noch ein Auflösungszeichen.

Damit der Hund immer hört und sich nicht in Gefahr bringt, ist es wichtig, dass Sie in verschiedenen Schwierigkeitsstufen trainieren.

Stufe 1: Das Arbeiten mit der Zeit

Ihr Hund muss sich entweder in der Sitz- oder Platzposition befinden. Halten Sie die Hand über den Kopf des Hundes und sagen Sie Platz. Ihre Hand ist dabei eine Art unsichtbare Mauer. Belohnen Sie ihren Hund am Anfang bereits nach wenigen Sekunden, sollte er aufstehen schicken Sie ihn mit einem Nein in die Ausgangsposition. Anschließend wiederholen Sie ihr Kommando. Die Zeitdauer in der Position sollte nun immer weiter erhöht werden. Achten Sie darauf, dass ihren Hund nicht weiß wie lange er in der Position bleiben muss bis er belohnt wird, denn so erhöhen Sie den Lerneffekt um ein vielfaches. Belohnen Sie ihn mal nach 20 Sekunden, mal nach einer Minute und manchmal nach 5 Sekunden.

Nutzen Sie ihr Auflösungszeichen um die Übung zu beenden.

Stufe 2: Entfernung einbauen

Es ist nun an der Zeit abstände einzubauen, denn ihr Hund sollte nicht nur auf Sie hören wenn er Sie sieht. Fangen Sie auch hier mit kleinen Schritte an, beginnen Sie damit sich erst einmal wegzudrehen, dann sich leicht aufzurichten und dann zu stehen. Sobald Sie stehen können ohne das ihr Hund die Position verlässt, machen Sie einen Schritt zur Seite. Vergessen Sie nicht ihren Hund für sein gutes Verhalten zu belohnen. Gehen Sie nun langsam etwas mehr Schritte weg. Nicht nur die Entfernung spielt dabei eine Rolle, sondern auch der Blickkontakt. Gehen Sie erst einige Schritte weg während Sie ihn ansehen und später ohne Blickkontakt. Auch bei dieser Übung ist es wichtig, dass der Hund nicht weiß wann er belohnt wird, wann Sie wie weit weg gehen und wann Sie ihn ansehen. Steigern Sie die Übung solange bis Sie vollkommen aus dem Blickfeld des Hundes verschwinden können, ohne das er ihnen folgt.

Stufe 3: Ablenkung

Nehmen Sie ein Spielzeug und werfen Sie es vor den Hund, er wird versucht sein aufzustehen. Deswegen müssen Sie einen Finger unter seinem Halsband haben, damit Sie ihn in diesem Verhalten korrigieren können. Wenn er dem drang aufzustehen nicht Wiederstehen kann, führen Sie ihn wieder in die Ausgangssituation und sagen im erneut „Bleib". Auch bei dieser Übung können Sie die Bedingungen weiter erschweren z.B. indem Sie statt einem Spielzeug ein Leckerli verwenden.

Gehen an der Leine ohne das der Welpe zieht

Die Leinenführigkeit gehört zu den absoluten Grundlagen der Welpenerziehung und muss für das gesunde Zusammenleben unbedingt gelernt werden. Ausgewachsene Hunde, die an der Leine ziehen, sind häufig einem echtes Problem, denn schließlich sind sie nicht immer so leicht zurückzuhalten wie ein kleiner Welpe. Das Laufen an einer locker gehaltenen Leine sollte deshalb direkt am Anfang zum Standardprogramm gehören. Zeigen Sie ihrem Welpen von Anfang an, dass Sie die Leine in der Hand halten und nicht er. Nicht Ihr Welpe bestimmt die Richtung, sondern Sie alleine und ihr Hund muss sich fügen. Damit Ihr Hund beim Spazieren auf Sie acht gibt und sich Ihrem Tempo und Ihrer Richtung anpasst, sollten Sie von klein auf darauf achten, dass die Leine immer locker bleibt. Sobald der Welpe an der Leine zieht, halten Sie an. Erst wenn er wieder zu Ihnen kommt und die Leine zwischen Ihnen locker wird, setzen Sie das Gassi gehen fort. Das kann am Anfang wirklich anstrengend sein, aber es ist ein absolutes Muss.

Als Übung zur Leinenführigkeit nutzen wir oft diese Übung:

Legen Sie ein Leckerli oder das Lieblingsspielzeug in einiger Entfernung auf eine Wiese. Der Welpe wird vermutlich direkt darauf losrennen wollen. Halten Sie ihn jedoch zurück oder alternativ können Sie sich sogar noch weiter von dem Objekt entfernen. Erst wenn der Welpe es schafft in Ihrem Tempo zulaufen, gehen Sie mit ihm langsam näher heran. Die Belohnung erhält er also nur, wenn er lernt ihnen die Kontrolle über das Tempo zu geben. Er wird den Zusammenhang verstehen, allerdings muss diese Übung einige Male wiederholt werden.

Kommen auf Ruf:

Hunde haben einen natürlichen Folgetrieb und diesen können Sie sich zunutze machen.
Wenn Sie mit ihrem Welpen draußen sind und es droht keine Gefahr lassen Sie ihn ruhig frei laufen. Immer wenn er Sie ansieht oder zu ihnen läuft loben Sie ihn ausgiebig. Dieses zurückkommen bietet die Grundlage und ist bereits die halbe Miete.

Es wird öfter dazu kommen, dass ihr Hund einfach mal wegläuft, wenn das passiert verstecken Sie sich, sodass ihr Hund Sie nicht sieht. Er wird sich umsehen und Angst bekommen, dass Sie weg sind. Jetzt kommen Sie aus ihrem Versteck und er wird freudig zu ihnen kommen. Jetzt hat er sich eine Belohnung verdient.

Es gibt einige Hunde bei denen es nicht so einfach funktioniert, dass hat meist eine von zwei Ursachen.

Zum einen kann es sein, dass ihr Welpe bereits die Erfahrung gemacht hat, dass Sie immer da sind und auf ihn aufpassen, deswegen ist er nicht beunruhigt. Das ist natürlich etwas schönes kann aber auch sehr hinderlich sein.

Wenn ihr Hund dieses Verhalten aufweist, sollten Sie ihn beim nächstenmal ruhig etwas länger warten lassen. Früher oder später wird er nach Ihnen suchen.

Es kann aber auch sein, dass er die Umgebung schon sehr gut kennt, dann macht er sich keine Gedanken, dass er nicht überlebt.
Die Lösung dafür sollte klar sein. Gehen Sie dafür in eine unbekannte Umgebung, ihr Hund wird Sie viel öfter suchen und Sie können die Übungen oft wiederholen.
Ein Welpe der sich zu ihnen orientiert bietet die perfekte Grundlage für Rufe.

Wählen Sie einen Ruf aus der immer gleich ist. Sie dürfen nicht wechseln, also nicht einmal „Hier" rufen und beim nächstenmal „Hiiiier".
Immer wenn er zu ihnen läuft rufen Sie jetzt ihr Wort. Das klingt jetzt vielleicht sinnlos, denn er kommt ja schon zu ihnen. Doch genau hier fängt das Konditionieren an. Ihr Welpe wird mit der Zeit das zu ihnen laufen mit dem Ruf und einer Belohnung verbinden.
Wie bei allen Übungen, sollten Sie mit der Zeit die Belohnungen langsam weniger und unvorhersehbarer machen.

Wenn er mit der Zeit deinen Ruf schon versteht, sollten Sie mit Ablenkungen arbeiten. Am Anfang kann das z.B. nur ein Fußgänger in der Ferne sein und später ein anderer Hund. Dabei ist es ganz wichtig, dass Sie die selben Muster nutzen wie ohne Ablenkung und sich genügend Zeit nehmen um dem Hund nicht zu viel abzuverlangen.

Der Umgang mit neue Menschen

Dein Welpe muss früher oder später mit neuen Menschen in Kontakt kommen, damit er in der Außenwelt zurecht kommt.
Er sollte sehr früh ersten Kontakt mit Fremden haben. Das beste Umfeld dafür ist ihr Zuhause. Laden Sie erstmal einen Freund oder eine Freundin zu sich ein, aber machen Sie keine große Sache aus dem Besuch. Immer öfter sollten Sie dann Menschen zu sich einladen und den Welpen immer mehr neuen Situationen mit Menschen aussetzen.

Junge Welpen gehen meist ohne jede Scheu auf neue Menschen zu. Üben sollte man auch, dass auch Rollstuhlfahrer, betrunkene Menschen oder Menschen mit Spazierstock keinerlei Gefahr darstellen. Auch, dass es kleine und große Menschen gibt, joggender oder Fahrradfahrer und dass Menschen manchmal so Sachen tun wie einen Kinderwagen zu schieben. Wichtig ist, dass der Welpe auch Fahrradfahrer gelassen reagiert. Wenn der Hund im Junghundealter das erste mal einem solchen Situation gegenübersteht, kann die Angst oder auch der Jagdtrieb zu einer nicht vorhersehbaren Reaktion führen.

Auch Kinder sind für Welpen ein spannendes Thema. Welpen finden Kinder meist sehr interessant, vor allem junge Kinder. Erwachsene Hunde, die nie viel Kontakt mit Kindern hatten, finden Kinder dagegen oft eher beängstigend, mit ihren unvorhersehbaren Bewegungen, den ungewohnten Reaktionen und der Lautstärke. Darum ist es so wichtige, dem Welpen Kinder positiv näher zu bringen. Wichtig ist dabei natürlich, dass der Welpe keinesfalls schlechte Erfahrungen mit Kindern macht. Hat man keine eigenen, kann man Kontakt zu ruhigen Kindern im Bekanntenkreis suchen. Auch ein Ausflug an einer Schule oder Kindergarten vorbei kann sich positiv auswirken. Sie sollten den Welpen aber nicht mit dem Kind alleine lassen, weil beide jederzeit Reaktionen auslösen können die dem anderen nicht passen. Vielmehr sollte man den Welpen kontrollieren und dem Kind erklären, was er tun darf und was nicht.

Wie Sie Ihren Welpen stubenrein bekommen

Ein wichtiger Teil der Welpen Erziehung ist es ihn stubenrein zu bekommen, denn damit haben die meisten Welpen das größte Problem. Außerdem ist es extrem anstrengend, wenn der Hund in die Wohnung macht. Zu Beginn ist das aber vollkommen normal, allerdings sollte man es dem Hund möglich früh abgewöhnen.

Wer sich einen kleinen Welpen ins Haus holt, der steht vor einer großen Herausforderung unter denen die Sauberkeitserziehung nur eine von vielen ist. Tatsächlich aber ist es eigentlich ganz einfach den Hund stubenrein zu bekommen, denn der Hund ist ein gelehriges Tier, welches seinem Menschen gefallen möchte. Natürlich gibt es hier rassetypische Unterschiede, ganz grundsätzlich betrachtet sind Hunde aber gut zu erziehende und lernbereite Tiere, das gilt besonders für die Stubenreinheit, denn dort gibt es viele Übungsmöglichkeiten, weil der Welpe sich anfangs sehr oft entleeren muss.

In den ersten Tagen in der neuen Umgebung wird ihr Welpe einige Male auf dem Boden sein großes und kleines Geschäft verrichten, das ist ganz klar. Räumen Sie daher möglichst alle Teppichbrücken aus den Zimmern und bereiten Sie sich auf häufiges Wischen vor.

Für die Sauberkeitserziehung ist ein Garten oder ein Hof ideal, bei einer Mietwohnung in einem oberen Stockwerk benötigt die Sauberkeitserziehung etwas länger, da es für den Welpen etwas schwieriger ist zu begreifen, was von ihm gefordert ist, wenn er erst eine lange Treppe heruntergetragen werden muss. Ist das Bächlein oder das Häufchen auf dem Boden gelandet, dann nehmen Sie Ihren kleinen Welpen einfach unter den Arm und setzen ihn nach draußen in den Garten oder eben auf eine Wiese vor dem Haus. Beendet er sein Geschäft hier loben Sie ihn ausgiebig und geben Sie ihm ein Leckerli.
Wichtig ist, dass Sie den Welpen sofort raussetzen und nicht erst in aller Ruhe das Bächlein aufwischen. Der Hund versteht den Zusammenhang sonst nicht mehr, seine Aufmerksamkeitsspanne ist sehr kurz. Auch das Lob und das Leckerli muss ihm sofort gegeben werden, dann versteht er, dass er gerade für sein letztes Verhalten gelobt wurde und hält es nicht einfach für einen Zufall. Wiederholen Sie diese Übung so oft es sein muss und gehe ab dem dritten oder vierten Tag zusätzlich alle zwei Stunden mit dem Welpen raus für eine kleine Runde. Immer wenn der Welpe sein

Geschäft draußen verrichtet, loben Sie ihn und geben ihm ein Leckerli. Natürlich benötigt die Sauberkeitserziehung eines Welpen viel Geduld und konsequentes Verhalten seitens des Hundebesitzers.

Wie Sie sich „NICHT" verhalten sollten, um Ihren Hund stubenrein zu bekommen

Vielleicht haben auch Sie von angeblichen Hundefachleuten gehört, dass man einem Welpen, der in die Wohnung gemacht, die Schnauze in den Urin oder Kot drücken soll und ihm dabei einen Klaps auf den Hintern geben soll? Auf diese Weise soll mein einen Hund stubenrein bekommen. Abgesehen davon, dass ein solch gewalttätiges Verhalten sich kaum zur Erziehung kleiner Welpen eignet, wird noch nicht einmal das Verhalten des Hundes einbezogen, der nicht unbedingt in größeren Zusammenhängen denkt.
Ist es ein gelehriger Hund, so wird er begreifen, dass er hier etwas falsch gemacht hat. Vielleicht war ja das Häufchen nur falsch platziert? Dann probiert er es halt beim nächsten Mal hinter der Couch. Hier macht es kaum Sinn das falsche Verhalten zu bestrafen, lieber sollte man sich seine gute Beziehung zu seinem Welpen nicht durch solch ein Verhalten beschädigen und ihn lieber beim richtigen Verhalten loben und belohnen. Der Hund denkt durchaus einfach. Um

einen Hund stubenrein zu bekommen, sollte immer sofort gelobt und belohnt werden, zu lange Zeitspannen dazwischen lassen das Leckerli zwar nicht weniger gut schmecken, nur der Zusammenhang wird dem Hund nicht mehr klar. Der Hund wird schnell stubenrein durch direkte Belohnung des richtigen Verhaltens.

Wie schnell kann man einen Hund stubenrein bekommen?

Sie werden sich wundern, wie schnell der Welpe versteht, welches Verhalten hier von ihm gewünscht ist und zumindest die großen Geschäfte bleiben schon nach kurzer Zeit draußen. Mit den kleinen Bächlein dauert es etwas länger, aber nach ein paar Wochen schon sind auch Pfützen in der Wohnung eine Ausnahme.
Bleiben Sie vor allem geduldig und belohnen Sie das richtige Verhalten ausgiebig.
Einen Hund lobt man dann richtig, wenn es für einen Menschen völlig übertrieben aussieht, was natürlich auch gerne zur Belustigung dieser dienen darf.

Clickertraining mit Welpen

Vielleicht werden Sie sich fragen was Clickertraining ist und wozu es gut ist. Clickertraining ist eine sehr einfache Form der Konditionierung und es kann dabei helfen dem Hund fast jedes Verhalten beizubringen. Obwohl das Clickertraining so effektiv ist bekommt man einen guten Clicker für unter drei Euro.

Das Clickertraining hat im Gegensatz zum Loben durch die Stimme den Vorteil, dass es immer das gleich Geräusch macht. In der Stimme sind immer Emotionen vorhanden, für die Hunde einen sechsten Sinn hat. Das Loben hört sich immer unterschiedlich an und das kann für den Hund verwirrend sein, sodass er das er neues Verhalten häufig nicht so schnell lernt wie mit beim Clickertraining. Zusätzlich kann der Reiz mit einem Clicker viel präziser auf bestimmtes Verhalten konditioniert werden, sodass der Hund immer genau weiß, was er richtig gemacht hat.

Die Konditionierung beginnen:

Am Anfang kann der Hund das Geräusch vom Clicker noch nicht zuordnen, deswegen muss man es erstmal mit etwas positiven Verbinden.

Nehmen Sie dafür einige Leckerlis und betätigen Sie den Clicker, sofort danach geben Sie ihrem Welpen ein Leckerli. Das ganze müssen Sie am Anfang sehr häufig und in unregelmäßigen abständen wiederholen.
Nach zwei bis drei Tagen und vielen Leckerlis, wird der Hund das Geräusch des Clickers mit der Belohnung verbunden haben. Verankern Sie das Signal des Clickers möglichst fest, auch wenn es einige Tage länger dauert.

Wenn Sie vermeiden möchten, dass Sie ihren Hund überfüttern, können Sie auch eine Portion des normalen Futters ihres Hundes nehmen und dieses für das Clickertraining nutzen.

Wenn der Reiz gesetzt wurde:

Sobald der Reiz des Clickers und einer folgenden Belohnung verbunden wurde, können Sie es in jeder Situation für sich nutzen.

Alles in den vorherigen Kapiteln kann auch in Kombination mit dem Clickertraining angewendet werden.
Aber Sie können ihrem Hund dadurch nicht nur schneller alle möglichen Kommandos beibringen wie z.B. Sitz, Platz und Aus, sonder es auch bei jeglicher Form von gutem Verhalten anwenden.

Ein paar Beispiele:

- Ihr Welpe läuft brav an einem Kinderwagen vorbei.
- Ihr Welpe kommt sofort zu ihnen gelaufen, als Sie ihn gerufen haben.
- Ihr Welpe legt sich an seinem Schlafplatz schlafen.
- Ihr Welpe geht ruhig an einem anderen Hund vorbei.
- Ihr Welpe springt nicht an einer Person hoch, die gerade das Haus betreten hat.

Bei Welpen gibt es jeden Tag hunderte Situationen, die er gut gemeistert hat. Dafür hat er sich eine Belohnung verdient und dazu eignet sich der Clicker optimal. Wenn Sie den Clicker sofort nach einem Gewünschten verhalten nutzen, wird er wissen, dass er etwas richtig gemacht hat und sein Verhalten in Zukunft anpassen. Durch diese Form der Konditionierung werden Sie einen Traumhund heranziehen.

Häufige Fragen

Hier möchte ich Ihnen die Antwort auf die mir am häufigsten gestellten Fragen zu Welpenerziehung geben.

Wie bring ich meinem Welpen das Alleinsein bei ?

Welpenbesitzer fragen sich sehr häufig, wie man seinen Hund alleine lassen kann und für wie lange.
Denn die meisten Menschen müssen arbeiten, einkaufen oder ähnliches.

Es ist wichtig, früh mit dem Training zu beginnen und die Abwesenheiten sehr langsam zu steigern, damit der Welpe lernt, dass es normal ist, wenn Sie auch mal weg sind. Wissenschaftler haben festgestellt, dass Welpen die häufig für kurze Zeit alleine gelassen werden, meistens wesentlich besser damit umgehen können und keine Ängste entwickeln. Dagegen treten relativ häufig Probleme auf, wenn der Welpe anfangs überhaupt nie alleine bleiben muss, dann aber plötzlich für mehrere Stunden.

Sie können mit nur 2 Minuten anfangen, wenn ihr Hund sieht, dass Sie das Haus verlassen. Steigern Sie die Zeit immer mehr ohne ein Muster für den Welpen erkennbar zu machen.

Wie gewöhne ich meinem Welpen das Anspringen ab?

Die meisten Welpen springen an Menschen hoch und das ist auch ganz natürlich. Das liegt in der Natur des Welpen, denn so können Sie mit größeren Hunden besser umgehen und schützen sich vor möglichen Gefahren.
Für den Welpen ist es also vollkommen normal andere Hunde anzuspringen.
Der kleine Welpe muss aber lernen, dass das bei den Menschen nicht erwünscht ist.
Er lernt es am schnellsten, wenn sich das Anspringen nicht lohnt. Sie sollten das Anspringen schon früh unterbinden, denn Hunden die gelernt haben, dass es okay ist, werden dieses Verhalten auch im späteren Leben nur sehr schwer ablegen können.

Es gibt dabei natürlich sehr viele Trainingsmethoden und Ansätze wie Sie es ihrem Hund beibringen können. Ich möchte hier kurz auf die zwei wohl effektivsten Methoden eingehen.

1) Wenn ihr Hund Sie oder jemanden anderen anspringt, sollte die angesprungene Person ihn einfach ignorieren. Sie können ihn auch leicht

(nicht mit Gewalt) runterdrücken und sich dann einfach wegdrehen, sodass Sie ihm in diesem Moment keine Energie oder Aufmerksamkeit schenken. Sie können ihn auch in einen anderen Raum stecken, wenn es nicht besser wird. Nach 2-3 Minuten können Sie ihn wieder rauslassen und er wird schon ein verbessertes verhalten aufweisen, wenn er Sie wieder anspringt sollten Sie ihm wieder keine Bestärkung in seinem Verhalten geben. Diese Methode können Sie für ein paar Tage wiederholen und er wird sein Verhalten sehr schnell ablegen.

2) Alternativ können Sie auch eine andere Methode anwenden. Immer wenn ihr Hund an ihnen hochspringen möchte können Sie sofort ein Leckerli auf den Boden halten und so verhindern, dass ihr Welpe an ihnen hochspringt.

Wie kann ich meinem Welpen „Aus“ beibringen ?

Welpen haben es in der Natur, alles was sie im Mund tragen in Sicherheit zu bringen und gut festzuhalten, weil die Geschwister meist auch an dem Gegenstand interessiert sind. Deshalb müssen Welpen, sobald sie in ihr neues Zuhause ziehen, erst lernen, dass sie Vertrauen zum Herrchen haben und ihm alles abgeben sollten, wenn er es fordert. Es erfordert Übung und etwas Geduld, bis der Hund verstanden hat, was „Aus“ bedeutet.

Training mit Tauschgeschäften

Trainiert man das Abgeben von Gegenständen mit Tauschgeschäften, lernt der Hund, dass es für ihn von Vorteil ist, alles auszugeben, wenn Sie es wollen, denn er bekommt etwas besseres dafür.

Also lässt man den Welpen zum Beispiel ein Spielzeug tragen, zeigt ihm dann das Futter und in dem Moment, in dem der Hund sein Maul öffnet, um das Spielzeug fallen zu lassen, folgt sofort das Kommando „Aus“ und erst dann die Belohnung. Das ganze können Sie auch mit zwei unterschiedlichen Spielzeugen üben. Es erfordert allerdings einige Wiederholungen, bis der Welpe versteht, was es mit dem „Aus“ auf sich hat. Wichtig ist, dass es sich für ihn lohnt etwas abzugeben. Sie sollten ihm nie das Spielzeug gewaltsam aus dem Mund reisen. So lernen Hunde nur, seine Beute noch fester zu halten, denn Druck führt zu Gegendruck.

Futter oder Kauknochen abgeben

Damit der Hund später auch Essen freigibt, das er draußen findet, sollten Sie auch das Ausgeben von Futter bereits im Welpenalter üben. Hierbei ist es zunächst wichtig, dass der Welpe Vertrauen aufbaut und lernt, dass Sie ihm das Futter nicht streitig machen wollen. Am Anfang können Sie sich hin und wieder, während der Hund sein Futter bekommt, neben den Napf setzen und kurz mit der Hand die Futterschüssel berühren. Dadurch lernt der Hund, dass es nicht schlimm ist, wenn Sie während er sein Futter bekommt in der Nähe sind. Ziehen Sie niemals den Napf ohne Kommando oder Tauschgeschäft völlig unerwartet weg, während der Welpe frisst. Wenn Sie dem Welpen das Kommando „Aus“ mit dem Futternapf beibringen möchten, muss es zunächst für ihn auch klar als Übung erkennbar sein. Das müssen Sie jedoch nicht ständig tun, da der Welpe eigentlich ungestört fressen sollte. Das Training kann noch gesteigert werden, indem man ihn einen Kauknochen gibt und diesen kurz berührt oder mit einem anderen Kauknochen austauscht. Doch auch diese Übung sollten Sie nicht allzu oft machen, damit der Hund nicht gestresst wird. Wie immer folgt das Kommando „Aus", wenn der Hund etwas abgibt.

Ich muss mit meinem Hund oft Autofahren. Wie bringe ich es ihm bei ?

Viele Hundebesitzer müssen auch mal längere Strecken fahren und auch wenn es für einen Hund anstrengen sein kann, ist es für die meisten Hunde kein großes Problem.

Wie in fast allen Gebieten der Welpenerziehung ist es wichtig früh und langsam anzufangen.
Sorgen Sie dafür, dass der Hund sich nicht zu viel bewegen kann und nicht direkt alle Einflüsse von außen wahrnimmt.
Gut geeignet ist dafür eine Hundebox, in der er sich bereits wohlfühlt. Das können Sie z.B. gewährleisten, indem Sie ihm sein Essen in dieser Box geben oder ihn dort schlafen lassen.
Tasten Sie sich langsam heran, lassen Sie beim ersten Mal z.B. nur den Motor laufen oder fahren Sie nur einmal um den Block.

Steigern Sie die Zeit der Fahrten langsam und sorgen Sie für einen angenehmen Fahrstiel ohne viele Kurven oder Bodenschwellen.

Was kann ich gegen einen stark ausgeprägten Jagdtrieb tun ?

Nicht alle Hunde haben einen Jagdtrieb, der zu Problemen führt. Wie stark der Jagdtrieb ausgeprägt ist, ist individuell und hängt von der Hunderasse ab. Wenn Sie mit ihrem Hund draußen sind und ein Vogel oder ein Hase auftaucht sollte er natürlich nicht wegrennen, denn das kann ihn in große Gefahr bringen.

Sie können den Jagdtrieb niemals aus dem Hund bekommen, aber Sie können ihn umlenken und kontrollieren.

Bevor Sie mit dem Training anfangen, sollte er schon die Grunderziehung genossen haben. Er sollte also schon „Sitz“ , „Platz“ und „Bleib“ beherrschen. Ganz besonders wichtig sind aber die Bindungsübungen und das ihr Hund sich immer sehr stark zu Ihnen orientiert. Dieses Verhalten sollten Sie dann auch immer stark belohnen (nicht nur durch ein Leckerli).
Bevor ich ihnen allerdings konkreterer Tipps geben werde, muss ich Sie noch auf eine Sache hinweisen.
Es ist egal wie gut ihr Hund trainiert ist und wie lange Sie ihm das Jagen schon abgewöhnen, es kann jederzeit sein, dass er los rennt und jagen geht.

Das abgewöhnen ist schwer und kann niemals zu 100% gewährleistet werden.

Jetzt kommen wir aber einmal zu dem wohl effektivsten Training.
Sie müssen unbedingt ein konditioniertes Abbruchsignal im Verhalten ihres Hundes installieren. Dieses Signal muss beim Hund so stark verankert werden, dass er alles Andere sofort vergisst. Dafür sind allerdings viel Wiederholungen und Training nötig. Auch das können Sie wie alles Andere auch trainieren mit Belohnungen und langsamen steigern der Schwierigkeit der Übungen.

Sie können z.B. ein „Beute" an einer langen Schnurr befestigen und ihr Hund darf diese jagen, allerdings erst wenn Sie ihm erlauben aus der Sitzposition aufzustehen. Bauen Sie dann mitten im spielen ein Abbruchsignal ein. Dieses Signal geben Sie aus einer einfachen Situation, nämlich wenn die „Beute" sich nicht so so stark bewegt und der Hund nicht voll im Spielen ist bzw. langsam die Lust verliert. Auch hier sollten Sie am Anfang das Signal erst geben, wenn er schon aufgehört hat. Belohnen Sie ihn ausgiebig. Diese Übung können Sie ganz einfach steigern z.B. indem Sie das Signal in einer schwereren Situation geben.

Ganz wichtig ist, dass Hunde individuell sind und sollte ihr Hund einen sehr stark ausgeprägten Jagdtrieb haben, müssen Sie es persönlich mit einem sehr sehr gutem Hundetrainer üben.
Bei den meisten Hunden reicht jedoch das normale Training aus.

Diese Fehler müssen Sie unbedingt vermeiden.

Es gibt fünf Fehler die fast alle Hundebesitzer in der Hundeerziehung machen, diese Fehler sind der Hauptgrund weswegen ihr Hund ihnen Probleme bereitet. Diese 5 fatalen Fehler sind meistens die Ursache für Fehlverhalten des Hundes. Werden diese Fehler jedoch vermieden, ist ein großer Teil der Hundeerziehung schon abgedeckt. Bei diesen Fehler handelt es sich allerdings nicht nur um Fehler die im Welpenalter vorkommen, sondern Sie passieren auch zu späteren Zeiten in der Hundeerziehung.

1. Sie wiederholen sich zu oft

Sobald Ihr Vierbeiner einmal sicher während der Hundeerziehung gelernt hat, was Sie von ihm erwarten, wenn Sie ein bestimmtes Kommando aussprechen, untergraben Sie Ihre eigene Autorität nur durch weiteres Wiederholen des Kommandos. Versuchen Sie stattdessen lieber einmal das Kommando zu geben, wenn Sie sicher wissen, dass Ihr Hund Ihnen zuhört und Sie seine Aufmerksamkeit haben. Ein deutliches Kommando mit entsprechender

Gestik wirkt deutlich stärker als ein mehrfach wiederholtes Rufen.

2. Falsche Körpersprache

Anders als beim Menschen erfolgt die Kommunikation zwischen Hund und Mensch deutlich stärker über die Körpersprache. Achten Sie daher verstärkt auf Ihre Körpersprache, damit diese dem Hund keine widersprüchlichen Signale gibt und es so zu keiner Verwirrung zwischen Ihnen kommt.
Wenn Sie Ihrem Hund beispielsweise das Kommando „Sitz!“ geben, weil Sie sich vielleicht an einer befahrenen Straße befinden und sich ein Auto nähert, Ihre Körpersprache aber eher locker und entspannt ist – also offensichtlich nicht zu der Situation passt, wird Ihr Hund sich nur widerwillig oder gar nicht dem Befehl beugen. Achten Sie daher unbedingt darauf, dass Ihre Körpersprache dem Kommando angemessen ist.
Wenn Ihr Hund nicht auf dem Sofa liegen darf, ist es kontraproduktiv, wenn Sie nur etwas sagen wie: „Ach, du weißt doch, dass du nicht auf dem Sofa liegen darfst. Gehst du bitte runter?“. Vergessen Sie an dieser Stelle nicht, dass es sich immer noch um einen Hund handelt.

3. Sie lassen Fehlverhalten durchgehen

Ihr Hund soll nicht bei Ihnen im Bett schlafen? Dann lassen Sie dieses Verhalten auch niemals zu. Oftmals lassen sich die Fehler der Hundebesitzer bereits auf das Welpenalter zurückführen. Da mag es vielleicht im ersten Moment noch ganz niedlich sein, dass der Hund zwischen den beiden Ehepartnern schläft. Doch diese Nachlässigkeit in der Hundeerziehung macht sich spätestens bemerkbar, wenn der Hund ausgewachsen ist. Dann ist es meistens nämlich nicht mehr so niedlich, wenn ein ausgewachsener Hund im Bett liegt und seinen Platz beansprucht. Daher sollten Sie unbedingt bereits im Welpenalter das Fehlverhalten korrigieren, damit Sie Ihrem Hund nicht erst das Gefühl vermitteln, dass das Verhalten, das er zeigt, akzeptabel sei.

4. Sie geben das Kommando, das Lob oder den Tadel nicht zum richtigen Zeitpunkt

Achten Sie unbedingt darauf, dass das Kommando von Ihnen ausschließlich zum richtigen Zeitpunkt erfolgt. Sobald der Hund das Kommando nicht mehr der Aktion zuordnen kann, ist der Versuch, ihm den besagten Befehl beizubringen, fehlgeschlagen. Eine gute Möglichkeit, auch das Lob oder den Tadel rechtzeitig zu erteilen, ist es, mit einem Clicker zu arbeiten. Nehmen Sie einen richtig ausgeführten Befehl niemals als selbstverständlich hin, sondern loben Sie den Hund immer. So bleibt er stets lernbereit und versucht alles, um Ihren Ansprüchen zu genügen.

5. Sie fordern und fördern Ihren Hund nicht richtig

Ein Hund, der nicht täglich und richtig ausgelastet wird, ist unausgeglichen. Dadurch kann es passieren, dass Ihr Hund sich anderweitig in Ihrem Haushalt beschäftigt. Beispielsweise indem er Ihre Socken verbuddelt, den Müll oder Ihren Kleiderschrank durchwühlt oder auch Ihre Zeitungen und Ihre Post zerreißt.

Abschließende Worte:

Die Entscheidung sich einen Welpen anzuschaffen bedeutet viel Verantwortung, Arbeit und Geduld aber eben auch viel Freude. Wer sich in der ersten gemeinsamen Zeit mit dem kleinen Hund seiner Aufgabe mit Geduld und viele Liebe widmet, der gewinnt einen treuen Freund fürs Leben und das ist die Anstrengung bei der Welpenerziehung mehr als wert.

Ich wünsche ihnen ganz viel Spaß und Erfolg mit ihrem Hund.

Haftungsausschuss

Die Umsetzung aller enthaltenen Informationen, Anleitungen und Strategien dieses Buchs erfolgt auf eigenes Risiko. Für etwaige Schäden jeglicher Art kann der Autor aus keinem Rechtsgrund eine Haftung übernehmen. Für Schäden materieller oder ideeller Art, die durch die Nutzung oder Nichtnutzung der Informationen bzw. durch die Nutzung fehlerhafte und/oder unvollständiger Information verursacht wurden, sind Haftungsansprüche gegen den Autor grundsätzlich ausgeschlossen. Dieses Werk wurde mit größter Sorgfalt und im besten Gewissen geschrieben. Für die Aktualität, Vollständigkeit und Qualität der Informationen übernimmt der Autor dennoch keinerlei Gewähr. Auch können Druckfehler und Falschinformationen nicht vollständig ausgeschlossen werden. Für fehlerhafte Angaben vom Autor kann keine juristische Verantwortung sowie Haftung in irgendeiner Form übernommen werden.

1 Auflage

Kontakt: Aaron Stux Prinz-georgstraße 87/ 40479 Düsseldorf

ISBN

13-stellige ISBN: 9781796327885

Printed in Poland
by Amazon Fulfillment
Poland Sp. z o.o., Wrocław

51331885R00042